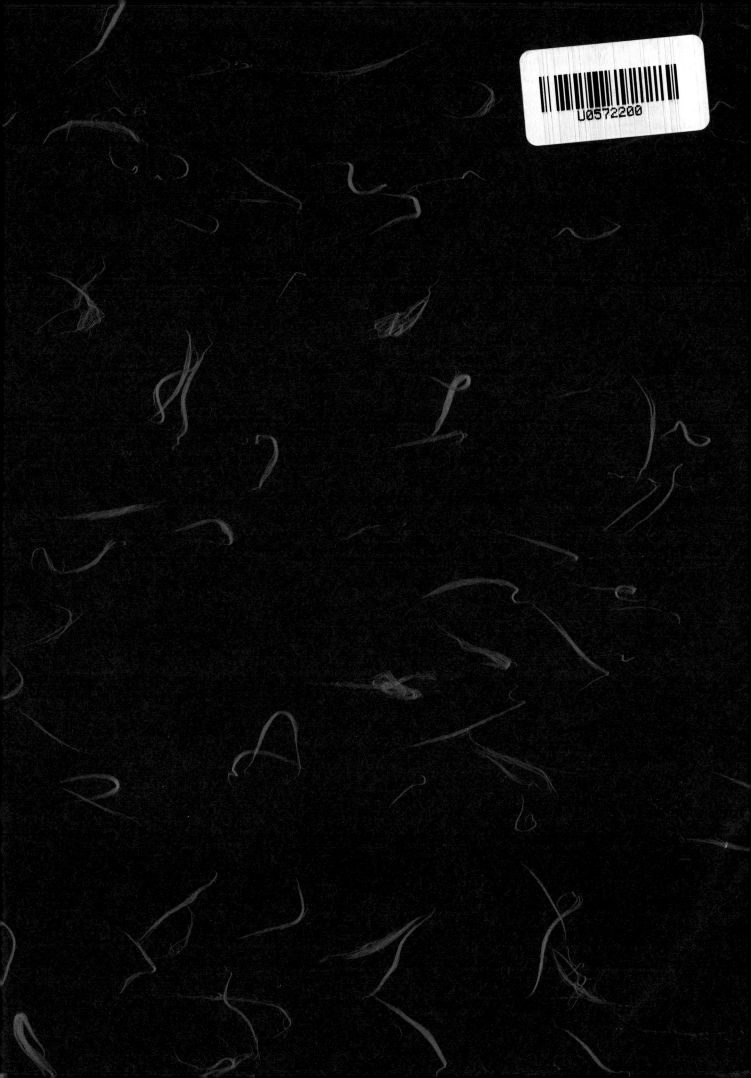

良玉藏珍

百歲選堂

商周篇·II

姜涛———编著

文物出版社

图书在版编目(CIP)数据

良玉藏珍. 商周篇. II / 姜涛编著. —— 北京：文物出版社，2021.12

ISBN 978-7-5010-7273-6

Ⅰ.①良… Ⅱ.①姜… Ⅲ.①古玉器－鉴赏－中国－商周时代 Ⅳ.①K876.84

中国版本图书馆CIP数据核字(2021)第223593号

良玉藏珍——商周篇·II

封面题字：饶宗颐

编　著：姜　涛

责任编辑：张小舟

摄　影：刘小放

墨　拓：陈　英

书籍设计：特木热

责任印制：张　丽

出版发行：文物出版社

社　址：北京市东城区东直门内北小街 2 号楼

邮　编：100007

网　址：http://www.wenwu.com

经　销：新华书店

印　刷：北京金彩印刷有限公司

开　本：889mm×1194mm　1/16

印　张：10.5

版　次：2021 年 12 月第 1 版

印　次：2021 年 12 月第 1 次印刷

书　号：ISBN 978-7-5010-7273-6

定　价：560.00 元

目录

商周时期是中华民族与文化迁移融合的一个重要节点

／姜涛

　　本册收录的七十件玉器是李先生从其众多属于商周时期的藏品中遴选出来的。这七十件玉器涵盖极广，其中不乏质工俱佳的精品。及就其制玉工匠来说，应是来源不同的族人。换言之，其中不仅有商人、周人所做外，更有一批玉器是生活于同时代的其他族人所做，也就是说，在商周时期，有众多外族人参与制作了更多的玉器。由此产生出另一种结论：当时在商、西周时期广阔疆域内生活着不同的族群，这些族群的人们具有各自的生活方式、特性和习俗，而不同族群人员的不断迁徙，融合，逐渐形成了伟大的中华民族。是中华大地孕育了中华民族，千万年的历史长河见证了这一点。

　　鸮面屈肢立人（2件），其造型设计明显不是商人、周人所为。其制作者明显是生活于同时期的外族人。西周时期的钩喙凤鸟，凤鸟身上又做出一只直立的同型凤鸟，其来源显然也是来自生活于同一时期的外族群人。同一时代的人面凤鸟纹饰（一对），乍看外形颇似周人所为，细品之，非也，此器制作风格颇有周人、外族人两者融合之意味。龙首凤尾兽（一对），身上跃然于胸前的奔犬，决非出自周人之手，制作者是何族何人，我们已无法确认，只能称之为外族人。然而这群外族人并非来自一地一群，他们应是来自于当时的不同地区，换言之这是历史长河中各族文化融合进程中各支劲旅间的碰撞与交流。

七十件玉器中，不管是商人还是周人所做，抑或是外族人所做，其中均不乏质佳工精之作。如宽肩立人，整体造型繁而不乱，颇有贵族之气。

总之，本书中收录的玉器，是一批值得关注之物。

坐熊

时代 商代

材质 青玉

尺寸 高 7.2 宽 4.1 厚 6.0 厘米

玉质润泽，头顶及体侧有沁色。头前探，宽眉大眼，口鼻前伸，招风大耳上耸后伏，并腿屈膝而坐，双上肢抚于膝上，足上翘，圆臀短尾。周身饰纹。

卧牛

时代　商代

材质　青白玉

尺寸　长 9.8　宽 4.2　高 4.7 厘米

宽首，臣字目，双长角，双耳后贴，四肢屈卧，尾垂于臀间。周身饰卷云纹、重环纹。整体厚重。

盘龙

时代 商
材质 青玉
尺寸 长 9.9 高 8.0 厚 5.2 厘米

双目圆睁，双角后伏，张口露齿，团身，龙尾向身体右侧盘卷，双下肢斜直前伸，有爪分趾，满身饰菱纹，背部有扉棱。整器气势雄壮，颇显贵族之气，类同于妇好墓同类器。

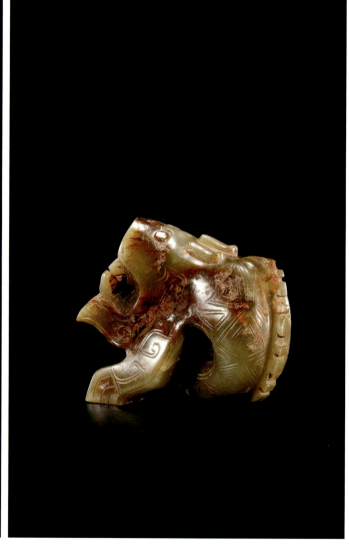

鸮面屈肢立人

时代　商末—西周初
材质　黄白玉
尺寸　高 12.8　宽 4.5　厚 2.2 厘米

鸮面人身。枝杈形高冠，冠后镂空处有圆环。宽眉，圆睛，菱形目，鹰钩鼻，张口，长发下垂，颔下有须，环形大耳。上身直立，上臂贴身下垂，自肘部起双肢向上回屈，手握拳，腕部有窄条状腕饰，臀部着地，双下肢并而上屈，双足分趾。背部有扉棱，周身饰纹。疑似外族人制作。

鸮面屈肢立人

时代　商末—西周初
材质　黄白玉
尺寸　高 12.5　宽 4.3　厚 2.1 厘米

整器造型与前件基本相同，尺寸略小，脑后有一活动圆环。据器物风格，疑似外族人制作。

凤
鸟
纹
刀

时代 商末—西周初
材质 青白玉
尺寸 长 25.6 宽 4.2 厚 0.5 厘米

阔首，长直柄，斜薄刃，上侧边有一组扉棱，弧身，
刀背一侧饰一组凤鸟纹，其中五只目视前方，首端一
只反向回首，构图转接精妙。刀身有三个基本等距的
单面钻圆孔。颇具王族之气势。

坐熊

时代 商末—西周初
材质 青白玉
尺寸 高 7.0 宽 6.1 厚 1.3 厘米

圆睛前视，隆鼻，抿口，竖耳，蜷身而坐，
下肢上屈而下伸，足、臀着地，体形厚重
雄壮。外族人所制之物，颇显贵族之气。

卷鼻兽

时代　商末—西周初
材质　青白玉
尺寸　长 8.1　高 6.2　厚 1.1 厘米

———

椭圆目，斜眼角，大头，长鼻上卷，尾回卷，四肢前伸，有爪分趾。体形硕大，厚重雄壮，为外族人所制，颇显贵族之气。

环身人

时代　商末—西周初

材质　滑石

尺寸　直径 7.6　宽 7.0　厚 3.3 厘米

———————

粗弯眉，大眼圆睛，蒜头鼻，一字口，双垂耳，
头上有发饰，颈略细，身体外卷呈环形。外族
人所制，原主应是高等级贵族。

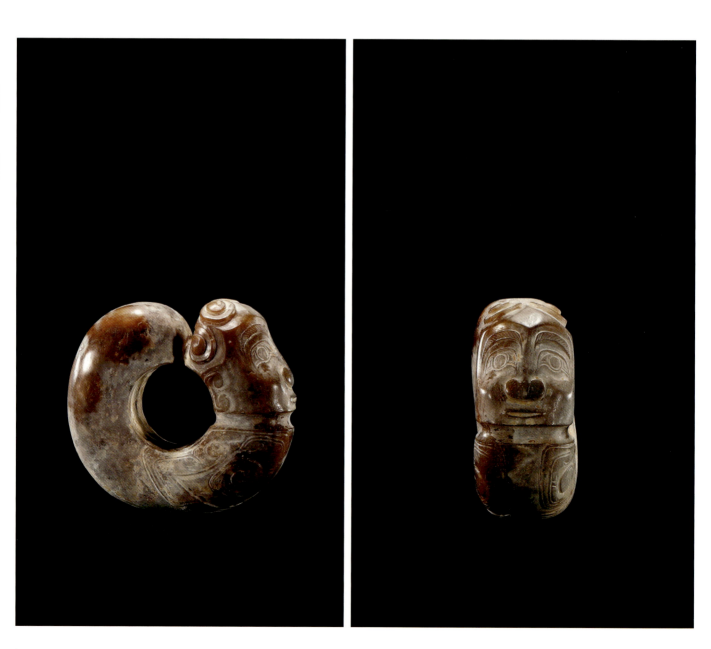

人龙纹佩

时代　商末—西周初

材质　白玉

尺寸　长 4.0　宽 3.5　厚 0.3 厘米

近似三角形，上角处为一简化人面，主体纹样为一
张口露齿、团身盘旋之龙。双面纹饰相同。器中心
部位有一圆穿。整器工精质佳，小巧可爱。

伏首龙

时代　商末—西周初

材质　青白玉

尺寸　长 8.0　高 6.9　厚 1.1 厘米

———————

大圆睛，翘鼻，抿口，宝瓶角，伏首，弓背，卷尾，满身饰纹。疑是外族人所制之物，但富贵之气明显。

踞坐人

时代 商末—西周初
材质 白玉
尺寸 高 6.0 宽 2.6 厚 2.5 厘米

圆目，隆鼻，抿口，双耳贴附于两侧，首上有发饰，长发竖垂，短颈，双手下垂抚膝而坐，双腿后屈席地，双足现于臀下。周身饰纹，有天地孔。

高冠鹦鹉

时代 商末—西周初
材质 青白玉
尺寸 高 10.0 宽 4.2 厚 0.6 厘米

圆目，钩喙，首上有竖立高冠，高冠周边有扉棱，挺胸，弧形身躯，身饰变形云纹。高冠顶有小圆系孔一个。商周时期多见。

人
首
形
饰

时代　商末—西周初

材质　白玉泛黄

尺寸　高7.4　宽7.4　厚0.6厘米

人首臣字目，隆鼻，小口，头顶之发竖立，前后呈尖形下垂，脑后长发垂而后卷，身躯上卷与头顶相连接。颇具商风。

出廓环形饰

时代 商—西周
材质 青白玉
尺寸 高 10.2 宽 10.8 厚 0.8 厘米

环身双面饰弦纹、折曲菱纹，环外侧等距离出三处扉棱。
制作规整。

人骑虎佩

时代 商—西周
材质 青白玉
尺寸 长 10.5 高 6.6 厚 0.9 厘米

虎回首，塌腰，卷尾下垂，四肢屈而前伸。其臀部坐一深目、高鼻、踡腿、双手举物作祭祀状之人。虎之前侧有一凸额、深目、高鼻的挺身立人。应为外族人所制，颇显权贵之气。

弓背立熊

时代 商—西周

材质 青白玉

尺寸 长 5.7 高 3.3 厚 1.6 厘米

首部前伸，长嘴，圆睛，双耳向后，弓背，前肢直立，后肢蹲伏。

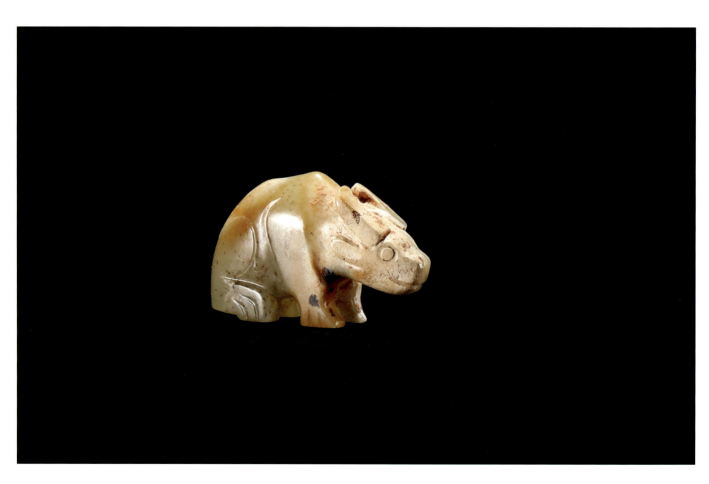

018

人龙纹佩

时代　西周

材质　青黄玉

尺寸　高 17.8　宽 9.21　厚 0.8 厘米

人物整体造型为昂首前视，椭圆目，隆鼻，宽耳，短颈，长发。脑后伏一张口回首之龙。胸部为一条团身回首之龙，后背为一菱形目、长发、挺鼻、抿口之人面，臀部后翘为一张口露齿、隆鼻、卷尾之龙，腿部上屈而下伸，饰一只简化龙，翘足。纹饰繁而不乱，双面纹饰同。

伏虎形凿

时代　西周

材质　白玉

尺寸　长 7.6　宽 0.9　高 0.6 厘米

———

虎双目平视，张口，直体，四肢屈而前伸，露趾，尾向后直伸，尾尖双面留刃作凿形。器形小巧，刻画简练。

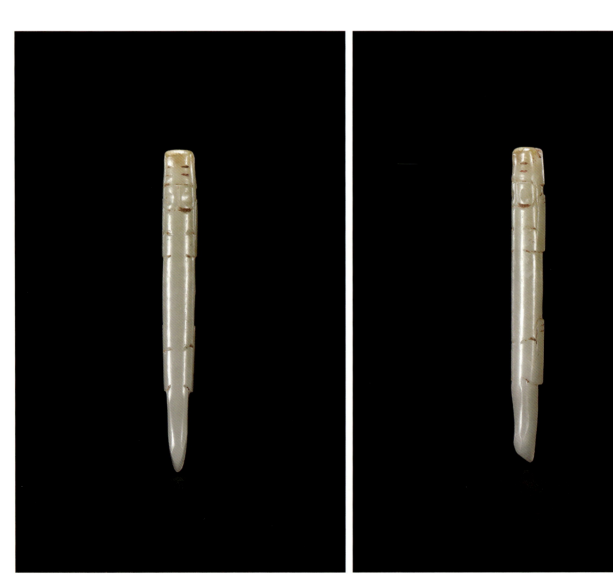

双人纹佩（一对）

时代　西周
材质　青黄玉
尺寸　长 13.2　高 6.7　厚 0.55 厘米

两人回首相背而立。圆目，隆鼻，卷发，环耳，颈下身体曲而回卷。回卷处各有一单面圆钻小孔，器中部有一稍大的单面圆钻孔。

平首条形圭

时代 西周
材质 青黄玉
尺寸 长 23.2 宽 6.7 厚 1.3 厘米

作上窄下宽之条状，宽处及下端双面磨出刃部。
器身有三处大小不同的圆形穿孔。

凤
纹
曲
内
戈

时代　西周
材质　青白玉
尺寸　长 19.2　高 5.5　厚 0.6 厘米

戈身与内反向曲折，戈首尖锐，有中锋，内部刻
回首的高冠凤鸟纹，喙下部有单面钻孔。双面纹
饰同。

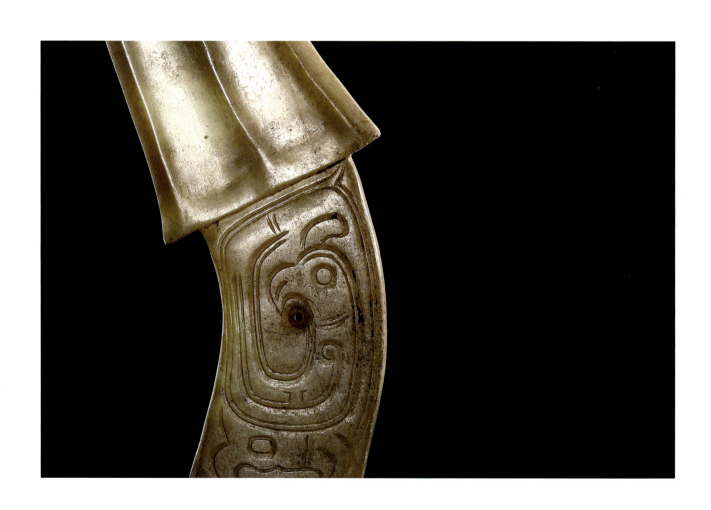

弧形弦纹饰

时代　西周

材质　青白玉

尺寸　长 6.0　宽 5.1　厚 0.5 厘米

作弧形片状，满饰弦纹，一端有两个圆形穿孔，应为它器损毁后改制而成。

躬身虎

时代 西周

材质 青白玉

尺寸 长 14.3 高 6.0 厚 0.6 厘米

———

虎躬身拱背，圆目前视，抿口，四肢屈而前伸，短尾，周身饰纹。背部有小孔，口及尾部各有一较大的圆形钻孔。

钩喙凤鸟

时代　西周
材质　青白玉
尺寸　长 9.5　高 4.1　厚 0.5 厘米

———————

凤首微上扬，圆睛，钩喙，挺胸，敛翅，垂尾，单爪分趾前伸。凤身另琢有一凤鸟，有冠、直喙、敛翅。原器主应是活动于西周境内其他族群中的显贵人物。

龙纹环

时代　西周

材质　玛瑙

尺寸　直径 11.0　厚 0.6 厘米

环形，环面中部略凸起，饰有两条圆睛、张口之龙。环面满工，双面同，工精质佳，少见的玛瑙质精品。

双角卷尾龙

时代　西周
材质　青白玉
尺寸　长 15.2　宽 5.5　厚 2.5 厘米

昂首，棱形眼，圆鼻孔，张口露齿，宝瓶形双角后伏。展体曲而向后，四肢均折屈前伸，有爪分趾，尾回卷成圆形。满身饰纹。不多见之器形，非寻常人家之物。

高冠凤鸟

时代　西周

材质　青白玉

尺寸　高 11.2　宽 5.9　厚 0.6 厘米

———

圆睛，钩喙，直颈，高冠、腹及尾部有三支戈状物直立，腹部下端两面稍薄，其上有三个圆形定位小孔。原器主应是生存于西周境内的其他族群的显赫人物。

敛翅鸟

时代　西周

材质　青白玉

尺寸　长 5.3　高 3.1　厚 0.5 厘米

圆睛，抿口，昂首，弯颈，弓背，敛翅，短垂尾，足立于地。
胸部有一双面钻孔的小圆穿。

鱼
尾
鸟

时代 西周
材质 青白玉
尺寸 长 8.0 高 4.5 厚 0.3 厘米

鸟首，大圆睛，短尖喙，脑后有飘羽，敛翅，分叉式鱼尾。
单爪分趾。腹部有小穿孔。西周时期较典型之物。

翘翅鸟

时代　西周

材质　青白玉

尺寸　长 8.2　高 4.4　厚 0.3 厘米

———

圆目，宽喙，平卧状，敛翅上翘，单爪分趾。
西周时期较常见之物。

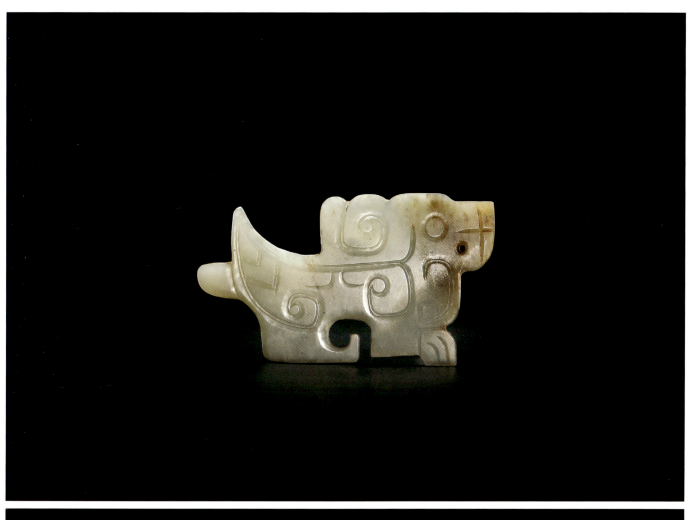

奔虎

时代　西周
材质　青白玉
尺寸　长 10.4　高 4.4　厚 0.4 厘米

————

昂首，菱形目，张口露齿，尖耳，塌腰，耸臀，尾上卷，
四肢折屈前伸，有爪分趾。颇具凶悍之气。

侧立人

时代　西周

材质　青白玉

尺寸　高 16.0　宽 6.8　厚 0.6 厘米

胡人面相，深目，高鼻直挺，抿口，下颌线条硬朗，耳形饱满，着高耸有扉棱的头饰。身体前拱后踞，双手抚膝，臀部有一单面钻圆孔。器主应是生存于西周境内的其他族群的权贵之人。

人面凤鸟纹饰（一对）

时代　西周

材质　白玉

尺寸　高 10.5　宽 2.6　厚 0.6 厘米

上端为圆睛、垂耳之侧视人面。人面下左侧有一凤鸟，钩喙出廓，其右侧为一只圆目、尖喙、长颈回首、敛翅、单足而立之禽鸟。鸟下方的主体纹样为一回首、钩喙、团身之凤。最下方又有一犬，回首仰望，长尾上翘，驻足而立。玉饰左右两侧有扉棱，整体构图繁而不乱。应为外族群作品。两件造型、纹饰均同。

螳螂

时代　西周
材质　青玉
尺寸　长 13.9　高 2.7　厚 0.4 厘米

———————

垂首，圆睛，长颈，敛腹，体颀长，屈肢前伸，
形象生动，神完气足。颈下有一单面圆钻孔。此
物在西周玉制品中少见。

凤鸟人面纹圭

时代 西周

材质 青白玉

尺寸 高 20.0 宽 4.2 厚 0.5 厘米

上部是一对圆睛、高冠、长尾，相对而视的凤鸟，双鸟间有上下排列的桃形和双尖形孔。中部主体是一只圆睛、钩喙、高冠、长尾回卷之凤，单爪而立。鸟腹下有一翘首之鱼。凤爪下为一仰面、手上托之人。双面纹饰同。

037

弓身鱼

时代 西周
材质 青白玉
尺寸 长 10.4 高 4.2 厚 0.4 厘米

噘嘴，圆目，鳃下有分叉之短足，弓身，叉尾，身饰鳞纹。嘴下与尾部各有一单面钻孔。富贵人家之物。

长尾鸟

时代　西周

材质　青黄玉

尺寸　长 8.4　高 5.5　厚 0.8 厘米

昂首，喙内勾，脑后有飘羽，胸腹饱满，翅向内收卷，
长尾下垂微外卷，尾尖分叉，爪内收。背部有单面圆钻孔。

龙首凤尾兽（一对）

时代　西周
材质　青白玉
尺寸　长 9.2　高 6.0　厚 0.6 厘米

———————

龙曲颈回首，长舌外卷，獠牙后龇，塌腰耸臀，四肢前伸后反向回勾，垂尾回卷呈凤首，凤首脑后有飘羽。龙腹部饰有一长尾奔犬。典型的外族人之作，亦不多见之物。两件造型、尺寸均同。

龙
纹
璜

时代 西周
材质 白玉
尺寸 长 11.0 宽 5.8 厚 0.5 厘米

此璜造型属周人习用，璜面纹样为双龙缠尾，两侧龙身处各琢有一类似鸵鸟之纹样。两端璜首各有一个单面钻圆孔。应是外族人所做之物。

斜
锋
戈

时代　西周
材质　青白玉
尺寸　长 36.2　宽 5.7　厚 0.7 厘米

————

直内，斜锋，外侧有斜面刃，内上有数道浅凹线纹，
内近口端有一圆形穿孔，其上饰有目纹。

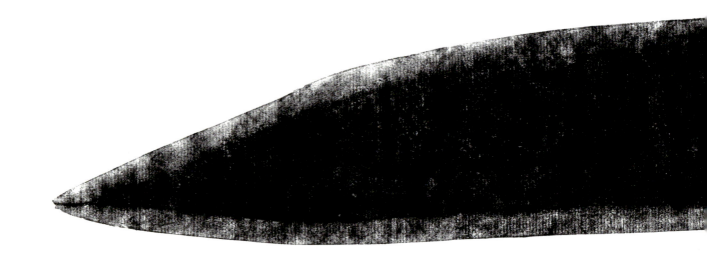

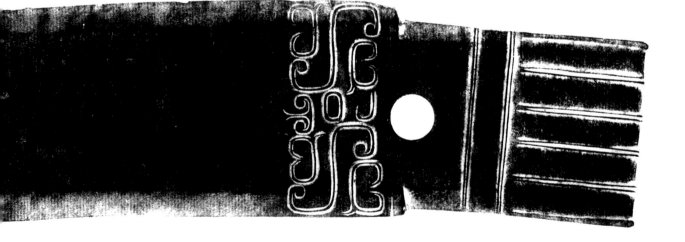

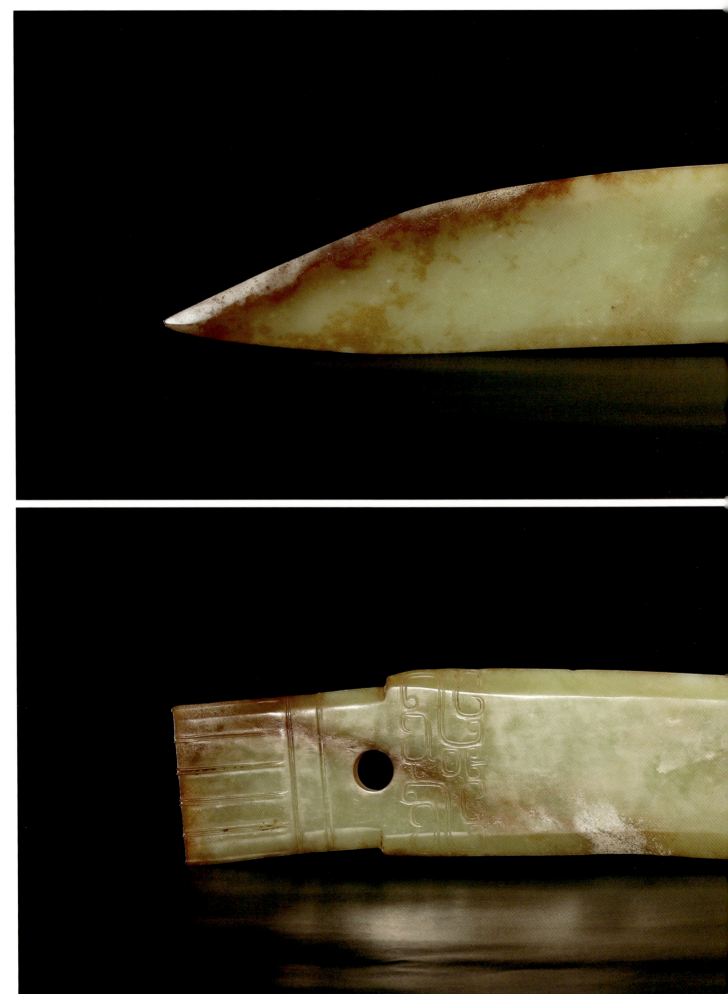

人面纹柄形饰

时代　西周

材质　青白玉

尺寸　长 17.8　宽 2.0　厚 1.8 厘米

扁方柱体，器身有两组神面纹饰，其间以花瓣纹相隔，器下端为菱形兽首。柄上端有三道系孔。整器似与祭祀有关，王气颇重。

人龙纹佩

时代　西周

材质　青玉

尺寸　长 10.5　宽 3.5　厚 0.5 厘米

人形为宽额，细眉，椭圆目，长方耳，头顶伏一侧身俯视的龙，龙上又有一昂首、钩喙、身躯上扬之凤。人胸部琢雌雄交尾之龙，下肢处亦为一张口吐舌之龙。此造型及纹样西周时期常见。

卷尾卧猪

时代 西周
材质 青白玉
尺寸 长 5.8 高 2.1 厚 1.1 厘米

———

棱形目，长吻前突，双耳后伏，四肢屈而
伏地而卧，尾垂地上卷。周身饰纹，小巧
可爱。

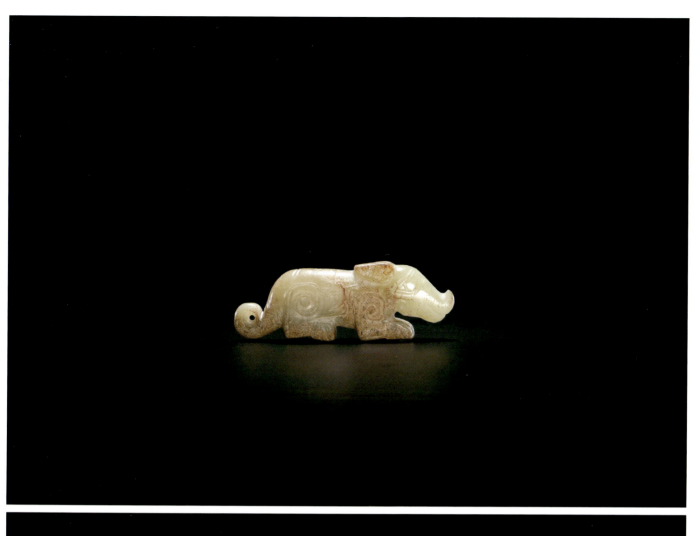

双
龙
纹
玦
（一对）

时代　西周
材质　青白玉
尺寸　直径 3.6　厚 0.4 厘米

———————

环形有缺，一面阴刻身体缠卷之龙，双龙首相望而立。
另面光素无纹。

人首纹项饰（三件）

时代　西周
材质　青白玉
尺寸　高 5.7　宽 2.7　厚 0.2 厘米

两人首反相而对，着发，圆睛，挺鼻，有耳，缺下颌 ，以俯视龙纹相隔。两边侧各有三个小孔，用以串连，此乃一串项饰中的组件，三件造型纹样均同，唯尺寸稍有出入。

束绢纹项饰（两件）

时代 西周

材质 青白玉

尺寸 高 3.4 宽 2.3 厚 0.4 厘米

长方形，表面有束绢纹，侧边有小孔，系旧玉改制而成。西周时常见，为项饰中的组件。

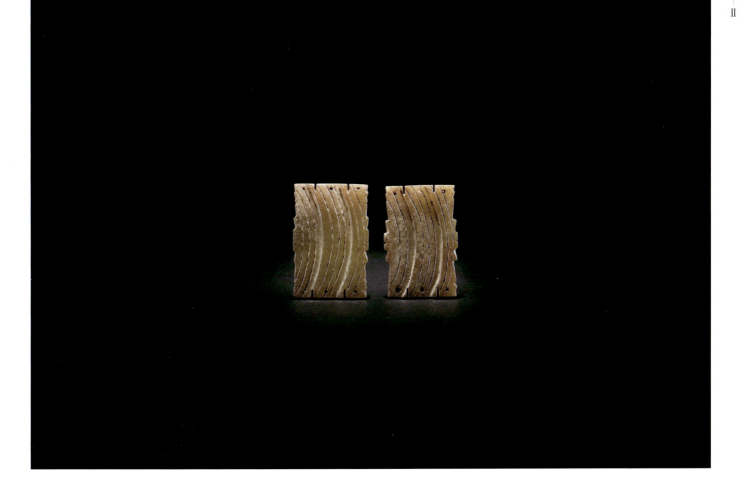

行虎

时代　西周

材质　青白玉

尺寸　长 7.0　高 3.3　厚 0.4 厘米

———————

虎昂首前视，菱形目，张口露齿，挺鼻，宽尖耳，塌腰，四肢屈而前伸，爪抓地，长尾后卷。匍匐前行。

立
人
纹
佩

时代 西周

材质 青白玉

尺寸 高 5.8 宽 1.8 厚 0.5 厘米

椭圆目前视，隆鼻，抿口，下颌前凸，大耳。脑后上附一卷尾龙，胸部为一俯视龙，直腿勾足。首上龙卷尾处有一圆穿。

龙
纹
手
握

时代　西周

材质　青玉

尺寸　高 6.7　底径 2.5 厘米

———————

圆柱状，一端稍细，底径略大。三组龙纹盘绕而上，
纹饰活灵活现。

蛹身虎

时代　西周
材质　青白玉
尺寸　长 8.0　高 3.7　厚 0.6 厘米

圆睛，隆鼻，张口露齿，长尖耳后伏，颈下有足，蛹式身躯，卷尾。口部及尾部有圆系孔。原器可能是组佩中的组件。

团身龙

时代　西周

材质　青白玉

尺寸　直径 13.0　宽 12.8　厚 0.5 厘米

———

大圆眼前视，张口，口中吞有它物，身向内侧半卷，尾尖外勾。身饰重环纹，腰及尾部有小圆穿。

蝗
虫

时代　西周
材质　青白玉
尺寸　长 8.0　高 3.5　厚 1.1 厘米

———————

圆睛凸起，抿口，首微下垂，圆腹，敛翅，双肢折而前伸，爪分趾。似是外族之物，形象逼真，少见。

宽肩立人

时代 西周
材质 青白玉
尺寸 高 7.9 宽 5.2 厚 0.3 厘米

———————

正面向前，枣核目，通额直鼻，小口，垂耳，头上有发饰，脸两侧各有一条侧首龙，左侧向上又有一回首小立龙，宽肩，双臂下垂，手呈尖状。左右手各托一高鼻、挺胸、翘臀、曲体侧立之人。身着有网格花边的长裙衫，腰系软革带，双乳突出，腰前饰锚形物，裙下倒伏一卷尾之龙。背面脑后刻发丝，衣领、裙上有网格形花纹。做工繁复，颇显贵族之气。

人面纹柱形勒

时代　西周
材质　白玉
尺寸　直径 2.4　高 2.3 厘米

圆柱体，微束腰，有孔，一端稍粗，一端略细。
器表饰人面，圆睛，有冠饰。旧器改制。

卧
犀
牛

时代　西周
材质　青玉
尺寸　长 6.3　宽 2.2　高 2.0 厘米

———————

犀牛头贴地，棱形眼，嘴前突，鼻上立双尖角，
前角稍长，双耳直立，长身，塌腰，四肢跪伏，
长尾盘于臀下，腰部有天地孔。

龙凤纹佩

时代　西周

材质　青玉

尺寸　高 4.1　上宽 3.2　下宽 3.7　厚 0.4 厘米

平面略呈梯形，主体纹饰为一凤，昂首，高冠，钩喙，挺胸，尾高翘回卷，凤的左右各有一张口、吐舌之龙首。其上下边缘分别有五个、六个小孔。此器是组胸佩中的牌饰，上接项链，下接胸佩串饰，器虽小乃精工之物。

牛首

时代　西周

材质　青玉

尺寸　高 3.3　宽 2.7　厚 1.5 厘米

牛角向内弯曲，长眉突目，凸鼻，阔口，舌外吐回卷呈钩状。额头处有圆孔。不多见之物。

兽形器座

时代　西周
材质　青玉
尺寸　长 6.5　宽 3.2　高 4.0 厘米

器座兽形，凸目前视，扁宽嘴，双兔耳，四肢折而前伏，
背上有长方形槽，双耳间有牛鼻穿。

俯首虎

时代　西周

材质　青白玉

尺寸　长 4.1　高 2.6　厚 0.7 厘米

圆目，挺鼻，张口，宝瓶角，躬背卷尾。身饰重环纹。玉润工细，小精品。

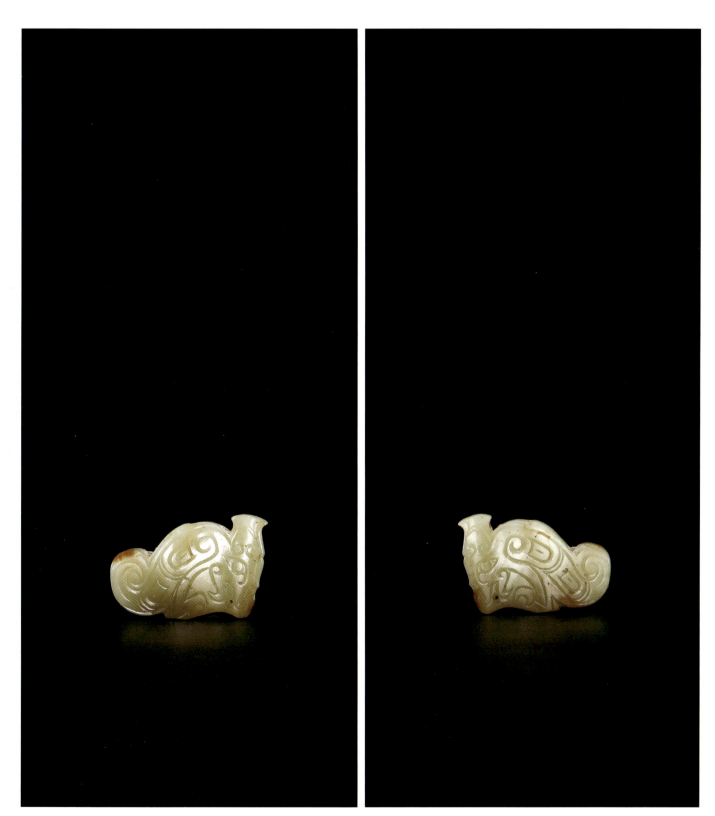

飞
燕

时代　西周

材质　青玉

尺寸　宽 4.7　高 2.2　厚 0.7 厘米

———

圆睛前视，尖喙，分叉垂尾，双展翅。形象生动，小而精之物。

龙纹手握

时代　西周

材质　青白玉

尺寸　高 10.1　底径 2.8 厘米

———

上窄下宽，周身满饰五组龙纹及重环纹。
西周时期较常见之物。

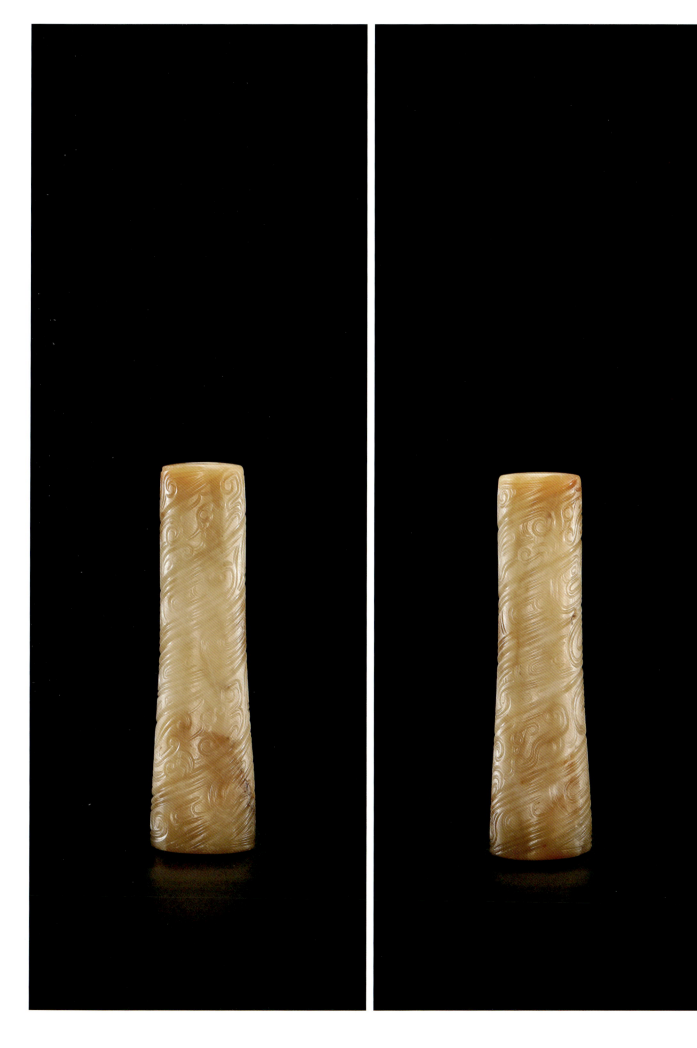

兽
面
纹
佩
饰

时代 西周
材质 青白玉
尺寸 高 2.9 直径 2.3 厚 0.45 厘米

瓦形，器表饰兽面纹。圆睛大目，首上有角，
阔口，口中有獠牙。四角各有一圆形系孔。

牛首

时代　西周

材质　青白玉

尺寸　高 4.6　宽 3.4　厚 0.8 厘米

———————

双立角，尖耳外展，宽直眉，眉下圆目，挺鼻，长嘴。背面脑门处有牛鼻穿一处。较常见之物。

鱼

时代　西周
材质　青白玉
尺寸　长 6.6　高 2.7　厚 0.3 厘米

—————

圆目前视，口微张前伸，唇上翘，背腹有鳍，弓背叉尾，口下有足。唇、尾处各有一小圆穿。质佳工精之物。

兔

时代　西周

材质　青白玉

尺寸　长 4.5　高 3.0　厚 0.5 厘米

垂首，圆睛，大耳后伏，四肢肥大，折而前伏，
短尾贴于臀上。造型生动传神。

牛首柱头

时代　西周

材质　青白玉

尺寸　高 3.3　宽 2.3　厚 2.0 厘米

———————

圆柱形，作牛首状。圆顶，双角向上内曲，椭圆目，宽鼻，双耳，有须。中部内空，左右有小圆形定位孔。不多见之物。

龙
凤
纹
圭

时代　西周

材质　青白玉

尺寸　高 16.4　宽 4.5　厚 0.3 厘米

——————

器身双面布满纹饰。凤回首，圆睛钩喙，头上有冠，凸胸敛翅，凤首上横卧一龙首，凤爪擒一条鱼，立于一龙首之上。龙嘴大张，口内为一圆孔。此种纹样组合之器目前仅见于王侯级的大墓中。

伏角虎

时代 西周

材质 青玉

尺寸 长 8.7 宽 3.7 厚 0.4 厘米

臣字目，口大张，宝瓶角后伏，弓身，单足前伸，短尾。刻画简练，西周时期常见。

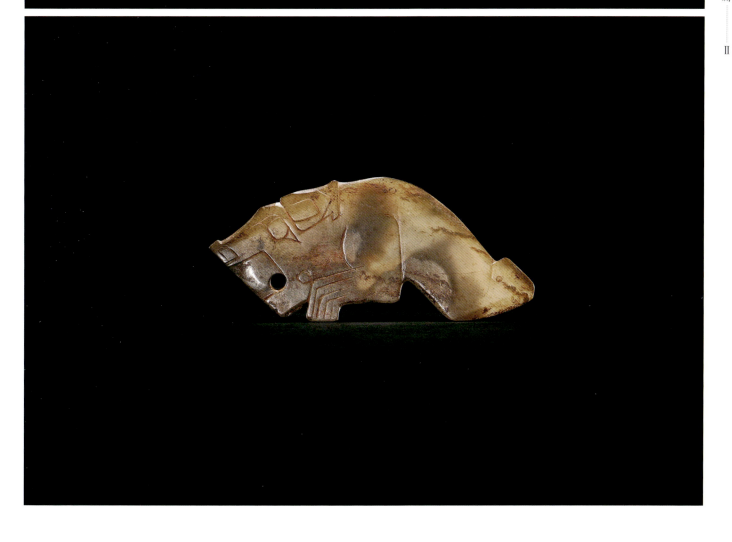

070

龙纹大璧

时代　西周

材质　青白玉

尺寸　直径 15.2　厚 0.5 厘米

———

璧面饰双龙盘旋纹。龙首大眼，隆鼻，抿口，周身饰纹 。器形大而饱满，双面均满工。不多见之物，颇显贵族之气。

　　姜涛,河南省文物考古研究院(原河南省文物考古研究所)研究馆员。1978 年毕业于广州中山大学历史系考古专业,即在院(所)从事文物考古工作至今。在此期间,长期在田野参加和主持古墓葬、古遗址以及大型方国墓地的考古发掘、整理与报告的编写工作,致力于夏商周考古学的研究。1990 至 1999 年主持了对三门峡虢国墓地的第二次发掘,其主持发掘的虢国墓地 M2001、M2009 先后被评为 1990 年和 1991 年的全国十大考古新发现;主持发掘的应国墓地被评为 1996 年全国十大考古新发现,在国内外引起极大的反响。三门峡虢国墓地还被评为全国二十世纪百项考古大发现之一。2021 年 10 月,在第三届中国考古学大会上,三门峡虢国墓地入选百年百大考古发现。

　　先后在《文物》《中原文物》《华夏考古》《南中国及邻近地区古文化研究》《河南文物考古论集》《东亚玉器》《海峡两岸古玉学会议论文专集》等刊物及论集中发表学术论文和考古发掘报告 50 余篇,如《论虢国墓地 2001 号墓所出玉龙凤纹饰的定名及相关问题》《虢国墓地出土玉器的认识与研究》《从天子佩白玉谈起》《虢仲墓所出肖生玉之管见》《虢国墓出土玉器概况及所出红山玉器》《虢国墓地出土商代王伯玉器及相关问题》《虢国墓地出土商代小臣玉器及相关问题》《熙墀藏玉之史前篇》《熙墀藏玉之商周篇》《熙墀藏玉之春秋战国篇》《熙墀藏玉之汉晋篇》《三门峡上村岭虢国墓地 M2001 发掘简报》《三门峡虢国墓地 M2010 的清理》《上村岭虢国墓地 2006 的清理》《平顶山应国墓地九十五号墓的发掘》等。

　　已经出版的专著有五部,分别是 1、《三门峡虢国墓》第一卷(上、下)两册,文物出版社 1999 年 12 月,先后获得河南省社科联社会科学优秀成果奖壹等奖和河南省社会科学优秀成果壹等奖;2、《河南文物精华·玉器》,文心出版社 1999 年;3、《三门峡虢国女贵族墓出土玉器精粹》,台湾众志美术出版社 2002 年;4、《熙墀藏玉》,文物出版社 2006 年 1 月;5、《熙墀藏玉》(续),文物出版社 2012 年 5 月。

推荐及鉴定人:姜　涛　梁中合